Versöhnung

Berühmte Zitate
Versöhnung

Bibliografische Information der Deutschen Bibliothek
Die Deutsche Bibliothek verzeichnet diese Publikation in der Deutschen
Nationalbibliografie; detaillierte bibliografische Daten sind im Internet
über http://dnb.ddb.de abrufbar.

Urania Verlag
in der
Verlagsgruppe Dornier GmbH
Postfach 80 06 69, 70506 Stuttgart

www.urania-verlag.de
www.verlagsgruppe-dornier.de

© 2006 Urania Verlag, Stuttgart
in der Verlagsgruppe Dornier GmbH
Alle Rechte vorbehalten.

Umschlaggestaltung: Behrend & Buchholz, Hamburg
Satz: Atelier Seidel – Verlagsgrafik, Neuötting
Druck: Westermann Druck, Zwickau
Printed in Germany

ISBN 3-332-01778-0
ISBN 978-3-332-01778-6

Inhalt

* Verzeih mir   7

* Vergeben und vergessen   31

* Friedlich und miteinander   49

* Hand in Hand   73

Liebe Leserin, lieber Leser,

wie schnell kann es geschehen, dass einem ein kränkendes Wort in der Hitze einer Diskussion entschlüpft oder dass ein bedauerliches Missverständnis die Stimmung zwischen zwei lieben Menschen trübt. Dann drückt das Gewissen und man sucht nach passenden Worten der Versöhnung – oder benötigt welche für das Verzeihen.
Hier finden Sie berühmte Zitate rund um das Thema *»Versöhnung«*: Wenn man um Entschuldigung bitten oder dem anderen verzeihen möchte. Denn nichts ist wichtiger, als friedlich miteinander zu leben und Hand in Hand das Leben zu meistern.

Verzeih mir

Wir verzeihen oft denen, die uns langweilen,
aber nie verzeihen wir denen, die wir langweilen.

François Duc de La Rochefoucauld

Du willst bei Fachgenossen gelten?
Das ist verlorne Liebesmüh.
Was dir missglückt, verzeihen sie selten;
was dir gelingt, verzeihen sie nie!

Oskar Blumenthal

Ich weiß, es ist die Pflicht eines Freundes,
dem andern zu verzeihen. Doch ist es auch des
andern Pflicht, ihm so wenig Gelegenheit
dazu zu geben, als ihm nur möglich ist.

Gotthold Ephraim Lessing

Der Schwache kann nicht verzeihen,
denn Verzeihen ist eine Eigenschaft der Starken.

Mahatma Gandhi

Es gibt Dinge, die man bereut,
ehe man sie tut.
Und man tut sie doch.

Friedrich Hebbel

Der Mensch ist nie so schön,
als wenn er um Verzeihung bittet
oder selbst verzeiht.

Jean Paul

Wir lesen immer,
dass wir unseren Feinden vergeben sollen.
Wo steht geschrieben,
dass das nicht auch für unsere Freunde gilt?

Francis Bacon

✳

Ein Wort macht alles ungeschehn.
Ich warte darauf.
O lasst mich's nicht zu lang erharren!

Friedrich von Schiller

Was ist Reue? Eine große Trauer darüber,
dass wir sind, wie wir sind.

Marie von Ebner-Eschenbach

In jedem rückhaltlos ehrlichen Bekenntnis liegt
eine starke sittliche Kraft.

Heinrich von Treitschke

Es kann sein, dass nicht alles wahr ist,
was ein Mensch dafür hält, denn er kann irren,
aber in allem, was er sagt,
muss er wahrhaftig sein.

Immanuel Kant

Sich zu entschuldigen ist die beste Grundlage
für die nächste Beleidigung.

Ambrose Gwinnet Bierce

Reue ist Verstand, der zu spät kommt.
Ernst von Feuchtersleben

Toleranz heißt:
die Fehler des anderen entschuldigen.
Takt heißt: sie nicht zu bemerken.
Arthur Schnitzler

Es tun mir viele Sachen weh,
die anderen nur Leid tun.
Georg Christoph Lichtenberg

Wir entschuldigen nichts so leicht wie die Torheit,
die uns zuliebe getan wurde.
Marie von Ebner-Eschenbach

Des Zornes Ende ist der Reue Anfang.

Friedrich Martin von Bodenstedt

Reue schneidet tiefer denn das schärfste Schwert.

William Congreve

Reue ist gut, aber Unschuld ist besser.

George Herbert

Deine Reue sei lebendiger Wille,
fester Vorsatz. Begangene Fehler zu betrauern,
ist zu nichts nütze.

August von Platen

Die schmerzhaftesten Wunden sind die Gewissensbisse.

Joachim Ringelnatz

Das Gewissen ist die Wunde,
die nie heilt und an der keiner stirbt.

Friedrich Hebbel

Das, was wir ein schlechtes Gewissen nennen,
ist immer ein gutes Gewissen.
Es ist das Gute, was sich in uns erhebt
und uns bei uns selbst verklagt.

Theodor Fontane

Des Menschen Schuldbuch
ist sein eigenes Gewissen,
darin durchstrichen wird kein Blatt,
noch ausgerissen.

Friedrich Rückert

Verständige Leute kannst du irren sehen,
in Sachen nämlichen, die sie nicht verstehen.

Johann Wolfgang von Goethe

Die Güte, die du mir erwiesen hast,
ist nicht verloren, denn du hattest sie,
und das bleibt dir; auch wenn die materiellen
Ergebnisse null sein sollten,
das bleibt dir trotzdem;
aber ich kann es nicht sagen,
wie ich es fühle.

Vincent van Gogh

Wenn ein edler Mensch sich bemüht,
ein begangenes Unrecht gutzumachen,
kommt seine Herzensgüte am reinsten
und schönsten zutage.

Marie von Ebner-Eschenbach

Dass du nicht kannst, sei dir vergeben,
doch nimmermehr, dass du nicht willst.

Henrik Ibsen

Man kann vieles unbewusst wissen,
indem man es nur fühlt, aber nicht weiß.

Fjodor M. Dostojewski

Das Gefühl versteht,
was der Verstand nicht begreift.

Bonaventura

Wo man am meisten fühlt,
weiß man am wenigsten zu sagen.

Annette von Droste-Hülshoff

Man sollte nie der ersten Gefühlswallung nachgeben,
denn sie ist edel, aber unklug.

Charles Maurice de Talleyrand

Schneller als der Blitz erfüllt das Gefühl meine
Seele, aber anstatt mir Klarheit zu schaffen,
entflammt und blendet es mich.
Ich fühle alles und begreife nichts.

Jean-Jacques Rousseau

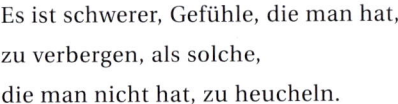

Es ist schwerer, Gefühle, die man hat,
zu verbergen, als solche,
die man nicht hat, zu heucheln.

François Duc de La Rochefoucauld

Was man zu heftig fühlt,
fühlt man nicht allzulang.

Johann Wolfgang von Goethe

Wo viel Gefühl ist, da ist auch viel Leid.

Leonardo da Vinci

Der Empfindsame ist der Waffenlose
unter lauter Bewaffneten.

Berthold Auerbach

Die Stärke eines Gefühls erkennt man an den
Opfern, die man dafür zu bringen bereit ist.

John Galsworthy

Wie von schweren Ungewittern
bange Ahnung lähmt das Leben,
fühl ich mit geheimem Beben
diesen bittern Schmerz
durch meine Seele zittern.

Heinrich Leuthold

Wer nicht zuweilen zu viel empfindet,
der empfindet immer zu wenig.

Jean Paul

Es irrt der Mensch, solang er strebt.

Johann Wolfgang von Goethe

Irren ist menschlich.

Seneca

Wenn einer, der mit Mühe kaum,
geklettert ist auf einen Baum,
schon meint,
dass er ein Vöglein wär,
so irrt sich der.

Wilhelm Busch

Ein Urteil lässt sich widerlegen,
aber ein Vorurteil nie.

Marie von Ebner-Eschenbach

Keine Schuld ist dringender als die,
Dank zu sagen.

Cicero

Zank ist der Rauch der Liebe.

Ludwig Börne

Kein tolleres Versehen kann sein,
gibst einem ein Fest und lädst ihn nicht ein.

Johann Wolfgang von Goethe

Der Liebende Streit die Liebe erneuert.

Terenz

In der Jugend kann man gegen niemand
gleichgültig sein: Hass oder Liebe.

Jean Paul

Wie viele treue und besorgte Blicke aus lieben Augen gehen einem verloren, während man auf das Zwinkern, das Schielen und Blinzeln der Welt rundum nur zu genau achtet!

Wilhelm Raabe

Wir haben kein Recht,
diejenigen unglücklich zu machen,
denen wir nichts Gutes tun können.

Luc de Clapiers Vauvenargues

Nimm einen jeden wie er ist,
es hat jeder seine Mängel,
und selbst der Beste,
denn wir sind nun einmal Menschen
und nicht Engel!

Cäsar Flaischlen

Er musste erst mit dem Kopf
gegen die Bäume rennen, ehe er merkte,
dass er auf dem Holzweg war.

Wilhelm Busch

Wenn Menschen auch noch so eng zusammengehören: Es gibt innerhalb ihres gemeinsamen Horizontes doch noch alle vier Himmelsrichtungen, und in manchen Stunden merken sie es.

Friedrich Nietzsche

Wie könnt' ich dich vergessen!
Dein bin ich allezeit.
Mit dir bin ich verbunden,
mit dir in Freud und Leid.

*August Heinrich Hoffmann
von Fallersleben*

Nur wer bereut, dem wird verziehen.

Dante Alighieri

Siehe, wir hassen, wir streiten,
es trennet uns Neigung und Meinung.
Aber es bleichet indes dir sich die Locke
wie mir.

Friedrich von Schiller

Tausend Wege führen zum Irrtum, ein einziger
zur Wahrheit.

Jean-Jacques Rousseau

Warum plagen wir einer den anderen?
Das Leben zerrinnet,
und es versammelt uns nur zweimal
wie heute die Zeit.

Johann Wolfgang von Goethe

Es gibt Wahrheiten,
die nicht für alle Menschen
und nicht für alle Zeiten gelten.

Voltaire

Du kannst wählen zwischen der Wahrheit
und der Ruhe, aber beides zugleich
kannst du nicht haben.

Ralph Waldo Emerson

Was man von der Minute ausgeschlagen,
gibt keine Ewigkeit zurück.

Friedrich von Schiller

Nicht Sieg sollte der Zweck der Diskussion sein,
sondern Gewinn.

Joseph Joubert

Die schlimmsten Fehler werden gemacht
in der Absicht, einen begangenen Fehler
wieder gutzumachen.

Jean Paul

Wenn weise Männer nicht irrten,
müssten die Narren verzweifeln.

Johann Wolfgang von Goethe

Es ist nicht wahr,
dass die kürzeste Linie immer die gerade ist.

Gotthold Ephraim Lessing

Im Deutschen lügt man,
wenn man höflich ist.

Johann Wolfgang von Goethe

Was einem angehört, wird man nicht los,
und wenn man es wegwürfe.

Johann Wolfgang von Goethe

Ich habe es sehr deutlich bemerkt:
Ich habe oft die Meinung, wenn ich liege,
und eine andere, wenn ich stehe.
Zumal wenn ich wenig gegessen habe und matt bin.

Georg Christoph Lichtenberg

Die Natur ist stärker als die Vorsätze.

Theodor Fontane

Nichts lernen wir so spät
und verlernen wir so früh,
als zugeben, dass wir Unrecht haben.

Marie von Ebner-Eschenbach

Ohne Zweifel liegt diese Tendenz zum schlechter werden so tief in der menschlichen Natur, dass ihre Wirkung durch keine menschliche Veranstaltung gänzlich aufgehoben werden kann.

Christoph Martin Wieland

❋

Am bittersten bereuen wir die Fehler,
die wir am leichtesten vermieden hätten.

Marie von Ebner-Eschenbach

❋

Es ist leichter eine gute Gewohnheit annehmen,
als sich einer schlechten zu entwöhnen.

August von Platen

❋

Wer ein Unrecht begeht,
ist viel unglücklicher, als wer es erleidet.

Demokrit

Neben manchem anderen sondern die Menschen
auch Gesprochenes ab.
Man muss das nicht gar so wichtig nehmen.
> *Kurt Tucholsky*

Man muss beachten, dass eine lange und eine
kurze Rede auf dasselbe herauskommen.
> *Epikur*

Alles machet Mein und Dein,
dass man nicht kann friedlich sein.
> *Friedrich von Logau*

Beleidigungen sind die Argumente jener,
die über keine Argumente verfügen.
> *Jean-Jacques Rousseau*

Jeder Mensch hat ein Brett vor dem Kopf –
es kommt nur auf die Entfernung an.

Marie von Ebner-Eschenbach

Sage nicht alles, was du weißt,
aber wisse immer, was du sagst!

Matthias Claudius

Es liegt in der menschlichen Natur,
vernünftig zu denken
und unvernünftig zu handeln.

Anatole France

Geduld mit der Streitsucht der Einfältigen!
Es ist nicht leicht zu begreifen,
dass man nicht begreift.

Marie von Ebner-Eschenbach

Ein Kluger bemerkt alles.
Ein Dummer macht über alles eine Bemerkung.

Heinrich Heine

Beschuldigen – die Schuld oder Minder-
wertigkeit eines anderen behaupten;
gewöhnlich als Rechtfertigung dafür,
dass wir ihm Unrecht zugefügt haben.

Ambrose Gwinnet Bierce

Wir mögen Menschen, die frisch heraus sagen,
was sie denken – falls sie dasselbe denken
wie wir.

Mark Twain

Es gibt kaum eine größere Enttäuschung,
als wenn du mit einer recht großen Freude im
Herzen zu gleichgültigen Menschen kommst.

Christian Morgenstern

Mit nichts ist man freigiebiger
als mit Ratschlägen.

François Duc de La Rochefoucauld

Die drei schwierigsten Dinge sind:
ein Geheimnis für sich zu behalten,
eine Enttäuschung zu vergessen
und Muße vernünftig zu nutzen.

Chilon aus Sparta

Liebe erblüht im Staunen einer Seele,
die nichts erwartet, und sie stirbt an der
Enttäuschung des Ichs, das alles fordert.

Gustave Flaubert

Vergeben und vergessen

Bei jedem Streit ziehe die Versöhnung
selbst dem leichtesten Siege vor.

Georg Christoph Lichtenberg

Wie der Zwist der Liebenden sind die
Dissonanzen der Welt.
Versöhnung ist mitten im Streit,
und alles Getrennte findet sich wieder.

Friedrich Hölderlin

Jedes Wetter tobt sich aus,
eines Tages haben wir wieder den Regenbogen,
und das Fest der Versöhnung.

Theodor Fontane

Wer zum Zorn gereizt wird und nicht zornig wird,
der ist ein Esel; wer aber um Versöhnung gebeten
wird, und sich nicht versöhnt, der ist ein Teufel.

Abu Hamid al-Ghazâlî

Nehmt die Menschen, wie sie sind,
nicht wie sie sein sollen.

Franz Schubert

Lieben uns unsere Frauen, verzeihen sie uns
alles, selbst unsere Vergehen.
Lieben sie uns nicht,
verzeihen sie uns nichts,
selbst unsere Tugenden nicht.

Honoré de Balzac

Gern verzeihen wir unseren Freunden die
Fehler, die uns nicht betreffen.

Luc de Clapiers Vauvenargues

Was unsere Seele am schnellsten und am
schlimmsten abnutzt,
das ist Verzeihen ohne zu vergessen.

Arthur Schnitzler

Ehe man tadelt, sollte man immer erst
versuchen, ob man nicht verzeihen kann!

Georg Christoph Lichtenberg

Eltern verzeihen ihren Kindern die Fehler am
schwersten, die sie ihnen anerzogen haben.

Marie von Ebner-Eschenbach

Man muss verzeihen können.
Das Leben des Menschen ist zu kurz,
als dass er es mit Nachtragen und
Rachsucht hinbringen könnte.

Friedrich II.

Kinder lieben zunächst ihre Eltern,
später fangen sie an, sie zu beurteilen,
manchmal verzeihen sie ihnen sogar.

Oscar Wilde

Es gibt zwei Arten, Gutes zu tun:
Geben und Vergeben. Wegschenken,
was man erworben hat, und verzeihen,
was man Böses erdulden musste.

Augustinus

Vertrauen ist das Gefühl, einem Menschen
sogar dann glauben zu können, wenn man
weiß, dass man an seiner Stelle lügen würde.

Henry Louis Mencken

Wer anderen nicht verzeihen kann,
zerstört die Brücke, über die er selbst gehen
muss. Jeder Mensch braucht Vergebung.

Thomas Fuller

Man kommt in der Freundschaft nicht weit,
wenn man nicht bereit ist,
kleine Fehler zu verzeihen.

Jean de La Bruyère

Man muss nachsichtig sein, und vieles,
vieles kann man dann verzeihen.

Fjodor M. Dostojewski

※

Wahres und Gutes werden sich versöhnen,
wenn sich beide vermählen im Schönen.

Friedrich Rückert

※

Vergeben wärmt das Herz und kühlt die Wunde.

Adolphus William Ward

※

Es ist einfacher, einem Feind zu vergeben,
als einem Freund.

William Blake

※

Milde ist wertvoller als Gerechtigkeit.

Luc de Clapiers Vauvenargues

Vergeben und vergessen

Man vergibt in dem Maß, in dem man liebt.

François Duc de La Rochefoucauld

※

Ein Feigling vergibt nie.

Laurence Sterne

※

Vergebene Fehler muss man auch vergessen.

Christine von Schweden

※

Wo Vergebung der Sünden ist, da ist auch Frieden und Seligkeit.

Martin Luther

※

Willst du einen Augenblick glücklich sein, räche dich.
Willst du ein Leben lang glücklich sein, schenke Vergebung.

Jean Baptiste Henri Lacordaire

Vergebung sollte sein wie ein Schriftstück,
das, in Stücke zerrissen und verbrannt,
nie wieder jemanden vorgehalten werden kann.

Henry Ward Beecher

※

Um jemanden leichter vergeben zu können,
muss man eine kleine Sünde gegen ihn
begehen, damit er auch etwas zu vergeben habe.

Friedrich Hebbel

※

Der zerschnittene Wurm verzeiht dem Pflug.

William Blake

※

Vergeben und vergessen heißt kostbare
Erfahrungen zum Fenster hinauswerfen.

Arthur Schopenhauer

Vergebung erhalten ist für mein Herz eben so
süße als Dank verdienen, ja noch süßer;
denn die Empfindung ist uneigennütziger.

Johann Wolfgang von Goethe

❉

Verzage nicht, wenn du einmal fehltest;
und deine ganze Reue sei eine schöne Tat.

Jean Paul

❉

Die Versöhnlichkeit ist's,
was die Liebe bewahret
und alle ihre zarten Blüten.

Jeremias Gotthelf

❉

Der Siege göttlichster ist das Vergeben.

Friedrich von Schiller

Irren ist menschlich, vergeben ist göttlich.

Alexander Pope

※

Unseren Feinden ihre Tugenden zu vergeben,
das ist das Größte.

Voltaire

※

Lieber zehn Schuldigen vergeben,
als einen Unschuldigen hinrichten.

Katharina die Große

※

Nichts wird langsamer vergessen als eine
Beleidigung und nichts eher als eine Wohltat.

Martin Luther

※

Was einmal tief lebendig lebt und war,
das hat auch Kraft zu sein für immerdar.

Emanuel Geibel

Es gehört viel Kraft dazu, Gefühle zu zeigen,
die ins Lächerliche gezogen werden können.

Germain de Staël

※

Ein gutes Essen bringt gute Leute zusammen.

Sokrates

※

Niemand ist so rechtschaffen, dass er,
wenn er alle seine Handlungen und Gedanken
dem Gesetz unterwürfe,
nicht zehnmal hängen müsste.

Michel de Montaigne

※

Doch der den Augenblick ergreift,
das ist der rechte Mann.

Johann Wolfgang von Goethe

Kleine Fehler geben wir gern zu,
um den Eindruck zu erwecken,
wir hätten keine großen.

François Duc de La Rouchefoucauld

✼

Der herbste Tadel lässt sich ertragen,
wenn man fühlt, dass derjenige, der tadelt,
lieber loben möchte.

Marie von Ebner-Eschenbach

✼

Willst du die anderen verstehen,
blick in dein eigenes Herz.

Friedrich von Schiller

✼

Wenn der andre sich mit allen seinen Fehlern,
die er noch besser kennt als ich, erträgt,
warum sollte ich ihn nicht ertragen?

Jean Paul

Wenn alle erste Violine spielen wollten,
würden wir kein Orchester zusammen-
bekommen.

Robert Schumann

✳

Wer stark genug ist, seine Schwächen
zuzugeben, wird recht gut mit ihnen
leben können.

François Duc de La Rochefoucauld

✳

Fasse die Dinge nicht so auf, wie sie dein
Beleidiger auffasst oder von dir aufgefasst
haben will; sieh dieselben vielmehr so an,
wie sie in Wahrheit sind.

Marc Aurel

✳

Die verstehen sehr wenig,
die nur das verstehen, was sich erklären lässt.

Marie von Ebner-Eschenbach

Umändern kann sich niemand, bessern jeder.
Ernst von Feuchtersleben

✹

Vergib so viel du kannst
und gib so viel du kannst.
Friedrich Rückert

✹

Der Mensch beginnt nicht leicht zu denken.
Sobald er aber erst einmal den Anfang damit
gemacht hat, hört er nicht mehr auf.
Jean-Jacques Rousseau

✹

Das Recht auf Dummheit gehört zur Garantie
der freien Entfaltung der Persönlichkeit.
Mark Twain

✹

Freiheit ist immer Freiheit
der anders Denkenden.
Rosa Luxemburg

Am auffälligsten unterscheiden sich die Leute
darin, dass die Törichten immer wieder
dieselben Fehler machen,
die Gescheiten immer neue.

Karl Heinrich Waggerl

※

Wenn wir selbst keine Fehler hätten,
würden wir sie nicht mit so großem Vergnügen
an anderen entdecken.

François Duc de La Rochefoucauld

※

Menschen irren, aber nur große Menschen
erkennen den Irrtum.

August von Kotzebue

※

Man muss viel eher anderen alles vergeben
als sich selbst.

Christine von Schweden

Wer seinen Nächsten verurteilt,
der kann irren.
Wer ihm verzeiht, der irrt nie.

Karl Heinrich Waggerl

※

Liebe die Wahrheit,
doch verzeihe den Irrtum!

Voltaire

※

Ein übergroßer Teil der Allgemeinheit ist zu
gemein, um was Gemeines jemals zu vergessen.

Johann Nepomuk Nestroy

※

Manchmal ist es angebracht,
selbst das zu vergessen, was man weiß.

Publius Syrus

Wenn man glaubt, etwas zu vergessen,
vergisst man es.

Jean Paul

❋

Ein tüchtiger Mann muss immer beides sein:
leidenschaftlich und nachsichtig.

Platon

❋

Man kann erst dann sagen,
dass man einem Feind vergeben habe,
wenn man für ihn gebetet hat.

Alexander Vinet

❋

Alle Fehler, die man hat,
sind verzeihlicher als die Mittel,
welche man anwendet, sie zu verbergen.

François Duc de La Rochefoucauld

Verzeihen ist schon Gleichgültigkeit.
Wenn man liebt, verzeiht man nicht.

Carmen Sylva

❋

Unseren Feinden ihre Tugenden zu verzeihen,
das ist ein wahres Wunder.

Voltaire

❋

Die Feinde sind wie
die Nächststehenden zu lieben.

Pelagius

❋

Vernichte ich meine Feinde nicht auch dadurch,
dass ich sie mir zu Freunden mache?

Abraham Lincoln

Friedlich und miteinander

Aller Hass, zu dem wir Menschen fähig sind,
kann mit einer ganz einfachen Methode
abgebaut werden: Man setzt sich jeden Abend
eine halbe Stunde hin und verzeiht,
indem man sagt: »Wir wollen immer verzeihen,
dem Reuigen um seinetwillen, dem Reuelosen
um unseretwillen.«

Marie von Ebner-Eschenbach

※

Man kann eher ganz Europa versöhnen,
als zwei Frauen.

Ludwig XIV.

※

Nach einer guten Mahlzeit kann man allen
verzeihen, selbst seinen eigenen Verwandten.

Oscar Wilde

Es ist keine bessere Harmonie,
als wenn Herz und Mund übereinstimmen.

Julius Wilhelm Zincgref

※

Wir würden weit mehr gewinnen,
wenn wir uns zeigen, wie wir sind,
als bei dem Versuche, das zu scheinen,
was wir nicht sind.

François Duc de La Rochefoucauld

※

Mache einen anständigen Menschen aus dir,
und du kannst sicher sein,
dass ein Schuft weniger auf der Welt ist.

Thomas Carlyle

※

Gut sein ist die Hauptsache! Einfach und schlicht gut sein, das löst und bindet alles und ist besser als Klugheit und Rechthaberei.

Rosa Luxemburg

Nichts ist gefährlicher,
als zwei Menschen auszusöhnen,
sie zu entzweien,
ist viel sicherer und leichter.

Jean Paul

❈

Merk auf die Stimme tief in dir:
Sie ist des Menschen Kleinod hier.

Matthias Claudius

❈

Selten wissen die Menschen,
weshalb sie streiten;
je länger aber, desto hartnäckiger hadern sie.

Johann Gottfried von Herder

Wir würden viel weniger Streit in der Welt haben,
nähme man die Worte für das, was sie sind –
lediglich die Zeichen unserer Ideen
und nicht die Dinge selbst.

John Locke

❋

Zwietracht und Streit sind das Werk anmaßender
Begierden und Leidenschaften.

Johann Georg Forster

❋

Wer die Menschen kennen lernen will,
der studiere ihre Entschuldigungsgründe.

Friedrich Hebbel

❋

Zwei Hähne lebten in Frieden,
als eine Henne kam,
und schon der Streit den Anfang nahm.

Jean de La Fontaine

Ein langer Streit beweist,
dass beide Seiten Unrecht haben.

Voltaire

❋

Gebrauche nie ein hartes Wort,
wo ein glimpfliches seinen Dienst tut.

Johann Peter Hebel

❋

Wo du streiten siehst zwei Drachen,
tritt als Mittler nicht dazwischen;
denn sie möchten Friede machen
und dich selbst beim Kopf erwischen.

Friedrich Rückert

❋

Gut auseinandersetzen hilft zum guten
Zusammensitzen.

Emil Gött

Ein Streit zwischen wahren Freunden,
wahren Liebenden bedeutet gar nichts.
Gefährlich sind nur Streitigkeiten zwischen
Menschen, die einander nicht ganz verstehen.

Marie von Ebner-Eschenbach

❋

Auch fängt ja der den Streit nicht an,
der den ersten Streich getan:
Wenn der andere ihn schweigend erträgt,
ist aller Hader beigelegt.

Hartmann von Aue

❋

Durch Eintracht wachsen kleine Dinge,
durch Zwietracht zerfallen die größten.

Sallust

Ein Kompromiss, das ist die Kunst,
einen Kuchen so zu verteilen,
dass jeder meint,
er habe das größte Stück bekommen.

Ludwig Erhard

※

Im Streit geht die Wahrheit stets verloren.

Publius Syrius

※

Wo viel Liebe ist, da ist viel Vergebung.

Jeremias Gotthelf

※

Nicht durch die Feindschaft
kommt in dieser Welt Feindschaft zur Ruhe.
Durch die Nichtfeindschaft
kommt sie zur Ruhe.

Buddha

Nimm ein leichtes Wort nicht so schwer,
gönne ihm nicht den Triumph!
Was ein Steinwurf trübt, ist kein Meer,
sondern ist ein Sumpf.

Friedrich Rückert

✳

Die Friedensgöttin ist eine anspruchsvolle Geliebte,
anspruchsvoller als die des Krieges.

Aristide Briand

✳

Es ist ein Gebot der rechten Vernunft,
den Frieden zu suchen,
sobald eine Hoffnung auf denselben sich zeigt.

Thomas Hobbes

✳

Nur zwischen Glaube und Vertrauen ist Friede.

Friedrich von Schiller

Friede, wie Freundschaft,
setzt Achtung voraus.

Johannes von Müller

※

Wir würden viel Frieden haben,
wenn wir uns nicht soviel mit dem,
was andere reden und tun,
beschäftigen würden,
was uns doch gar nichts angeht.

Thomas von Kempen

※

Wollen wir in Frieden leben,
muss der Friede aus uns selbst kommen.

Jean-Jacques Rousseau

※

Es kann der Frömmste nicht in Frieden leben,
wenn es dem bösen Nachbarn nicht gefällt.

Friedrich von Schiller

Frieden kannst du nur haben,
wenn du ihn gibst.

Marie von Ebner-Eschenbach

❊

Um Frieden zu haben,
muss man ihn wollen,
man darf nicht ständig daran zweifeln.

Aristide Briand

❊

Fünf große Feinde des Friedens wohnen in uns:
nämlich Habgier, Ehrgeiz, Neid, Wut und Stolz.
Wenn diese Feinde vertrieben werden könnten,
würden wir zweifellos ewigen Frieden genießen.

Petrarca

❊

Liebt euch, und wenn das nicht gehen will,
so lasst wenigstens einander gelten.

Johann Wolfgang von Goethe

Liebenswürdigkeit, Nachsicht und Rücksicht
sind die Schlüssel zum Menschenherzen.

Don Bosco

✳

Siege, aber triumphiere nicht.

Marie von Ebner-Eschenbach

✳

Nach unserer Überzeugung lassen sich große
Feindschaften auf die Dauer nicht dadurch
beilegen, dass man den Gegner nach einem
siegreichen Kriege zur Annahme eines unbilligen
Friedens zwingt, sondern weit eher dadurch,
dass man ihn womöglich noch durch Edelmut
besiegt und ihm günstigere Bedingungen
gewährt, als er selbst erwartete.

Thukydides

Was uns hindert, unsere Freunde auf den Grund unseres Herzens blicken zu lassen,
ist gewöhnlich nicht so sehr Misstrauen gegen sie als gegen uns.

François Duc de La Rochefoucauld

※

Wollte Gott, ich könnte alle Menschen froh und glücklich machen!

Catharina Elisabeth Goethe

※

Du lebst nicht für dich allein auf Erden.

Johann Heinrich Pestalozzi

※

Menschen, die im Wesentlichen dieselbe Straße ziehen, sollen es nicht mit verkniffenen Mienen und heimlichen Rückhalten tun.

Christian Morgenstern

Wer die Menschen behandelt, wie sie sind,
macht sie schlechter. Wer die Menschen aber
behandelt, wie sie sein könnten,
macht sie besser.

Johann Wolfgang von Goethe

✼

Jeder Mensch trägt einen Zauber im Gesicht:
Irgendeinem gefällt er.

Friedrich Hebbel

✼

Wer das Unrecht nicht verbietet,
wenn er kann, der befiehlt es.

Marc Aurel

✼

Wir sind gegen keine Fehler an andern
intoleranter, als welche die Karikatur unserer
eigenen sind.

Franz Grillparzer

Der Gewalt auszuweichen ist Stärke.

Laotse

✳

Handle so, dass die Maxime deines Willens jederzeit zugleich als Prinzip einer allgemeinen Gesetzgebung gelten kann.

Immanuel Kant

✳

Einen Krieg beginnen heißt nichts weiter als einen Knoten zerhauen, statt ihn auflösen.

Christian Morgenstern

✳

Der eigene Hund macht keinen Lärm – er bellt nur.

Kurt Tucholsky

Gott hat den Menschen erschaffen,
weil er vom Affen enttäuscht war.
Danach hat er auf weitere Experimente
verzichtet.

Mark Twain

Von der Gewalt, die alle Menschen bindet,
befreit der Mensch sich, der sich überwindet.

Johann Wolfgang von Goethe

Eine schöne Menschenseele finden
ist Gewinn.

Johann Gottfried von Herder

Einander kennen lernen, heißt lernen,
wie fremd man einander ist.

Christian Morgenstern

Es ist gefährlich, anderen etwas vorzumachen;
denn es endet damit,
dass man sich selbst etwas vormacht.

Eleonora Duse

※

Habe keine zu künstliche Idee vom Menschen,
sondern urteile natürlich von ihm, halte ihn
weder für zu gut noch zu böse.

Georg Christoph Lichtenberg

※

In Disputen ist die ruhige Stellung des Gemüts,
verbunden mit Güte und Nachsicht gegen den
Streitenden, ein Zeichen, dass man im Besitz
der Macht sei.

Immanuel Kant

※

Was auf Erden das Wichtigste ist? Toleranz.

Voltaire

Wenn man etwas recht gründlich hasst,
ohne zu wissen, warum,
so kann man überzeugt sein,
dass man davon einen Zug
in seiner eigenen Natur hat.

Friedrich Hebbel

*

Der Stolz ist in allen Menschen gleich,
verschieden ist er nur in den Mitteln
und in der Art, sich zu äußern.

François Duc de La Rochefoucauld

*

Sei nicht stolz, sprach das Laster zur Tugend,
wenn du unsere Stammbäume vergleichst,
findest du manchen gemeinsamen Ahnen.

Marie von Ebner-Eschenbach

Man muss aufhören können zu fragen –
im Täglichen wie im Ewigen.

Christian Morgenstern

※

Die beste Art, sich an jemand zu rächen,
ist die, nicht Böses mit Bösem zu vergelten.

Marc Aurel

※

Zur Sittlichkeit gehört nicht nur, kein Unrecht
zu begehen, man darf es nicht einmal wollen.

Demokrit

※

Nur durch eines kann sich der Mensch vervollkommnen: Wenn er ein für allemal weiß,
was gut und was böse ist.

Seneca

Kein Mensch kann sich zu seiner Person etwas
hinzu- oder von ihr etwas hinwegdenken.

Friedrich Hebbel

❊

Alle Menschen haben eine Ahndung und Idee
der Wahrheit in sich; in einigen aber rührt sich
der heilige Trieb zu Erkenntnis lebendiger.

Matthias Claudius

❊

Kaum hat mal einer ein bissel was,
gleich gibt es welche, die ärgert das.

Wilhelm Busch

❊

Es sind die Begegnungen mit Menschen,
die das Leben lebenswert machen.

Guy de Maupassant

Unsere Kulturen sind noch vorwiegend egoistisch,
darum ist auch so wenig Segen in ihnen.

Christian Morgenstern

❄

Je mehr man in sich selbst erlebt hat,
desto mehr Teil nimmt man an andern
und weniger an sich selbst.

Ernst von Feuchtersleben

❄

Argumente nützen gegen Vorurteile so wenig wie
Schokoladenplätzchen gegen Stuhlverstopfung.

Max Pallenberg

❄

Es ist schwieriger, eine vorgefasste Meinung
zu zertrümmern als ein Atom.

Albert Einstein

Verantwortlich ist man nicht nur für das,
was man tut, sondern auch für das,
was man nicht tut.

Laotse

※

Wenn man seine Ruhe nicht in sich selbst findet,
ist es zwecklos, sie anderswo zu suchen.

François Duc de La Rochefoucauld

※

Wer sich gar zu leicht bereit findet,
seine Fehler einzusehen,
ist selten der Besserung fähig.

Marie von Ebner-Eschenbach

※

Die Menschen lieben lernen
ist das einzig wahre Glück.

Platon

Wie glücklich würde mancher leben,
wenn er sich um anderer Leute Sachen so wenig
kümmern würde wie um die eigenen.

Oscar Wilde

❋

Glücklich zu leben ist der Wunsch
aller Menschen.

Seneca

❋

Ein freundliches Wort kostet nichts
und ist doch das schönste aller Geschenke.

Daphne Du Maurier

❋

Jeder Tag ist ein neuer Anfang.

George Eliot

Ältere Bekanntschaften und Freundschaften haben vor neuen hauptsächlich das voraus, dass man sich schon viel verziehen hat.

Johann Wolfgang von Goethe

✼

Alle Dinge sind miteinander verbunden.

Chief Seattle

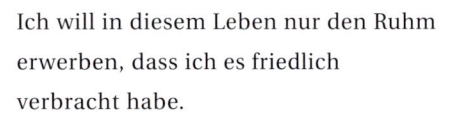

✼

Ich will in diesem Leben nur den Ruhm erwerben, dass ich es friedlich verbracht habe.

Michel de Montaigne

✼

Es ist leichter Neues zu sagen,
als schon Gesagtes miteinander übereinzustimmen.

Luc de Clapiers Vauvenargues

Hand in Hand

Üb immer Treu und Redlichkeit
bis an dein kühles Grab!

Ludwig Heinrich Christoph Hölty

※

Du sollst deines Nächsten Geld oder Gut
nicht nehmen,
sondern ihm sein Gut helfen
bessern und behüten.

Martin Luther

※

Viel Übles hab' an Menschen ich bemerkt.
Das Schlimmste ist ein unversöhnlich Herz.

Franz Grillparzer

※

Diese Hütte ist klein –
Raum genug zu einer Umarmung.

Johann Anton Leisewitz

Man umarmt sich nach dem Duell: Narren!
Warum nicht lieber zuvor?

Karl Julius Weber

❋

Nicht weinen, nicht zürnen,
sondern begreifen!

Baruch de Spinoza

❋

Es gibt in Wahrheit kein letztes Verständnis
ohne Liebe.

Christian Morgenstern

❋

Ein bisschen mehr Frieden und weniger Streit,
ein bisschen mehr Güte und weniger Neid,
ein bisschen mehr Liebe und weniger Hass,
ein bisschen mehr Wahrheit – das wäre was.

Peter Rosegger

Sei ihnen ein Mensch,
wie du ihn wünschest dir selbst.

Victor Hugo

※

Es ist von großem Vorteil, die Fehler,
aus denen man lernen kann,
recht frühzeitig zu machen.

Winston Churchill

※

Anstatt dass ihr bedächtig steht,
versucht's zusammen eine Strecke;
wisst ihr auch nicht, wohin es geht,
so kommt ihr wenigstens vom Flecke.

Carl von Haugwitz

※

Man muss Opfer bringen,
um andere glücklich zu machen.

Maria Magdalena Postel

Man muss den Nächsten so behandeln,
wie man von ihm behandelt sein will.

Alfred Nobel

❋

Auch die, welche dir die Nächsten und Liebsten
sind, erträgst du manchmal schwer.
Sei gewiss, es geht ihnen mit dir genauso.

Ernst von Feuchtersleben

❋

Du hast das nicht, was andere haben,
und anderen mangeln deine Gaben;
aus dieser Unvollkommenheit
entspringet die Geselligkeit.

Christian Fürchtegott Gellert

❋

Soll es reichlich zu dir fließen,
reichlich andre lass genießen.

Johann Wolfgang von Goethe

Nicht das Freuen, nicht das Leiden,
stellt den Wert des Lebens dar,
immer nur wird das entscheiden,
was der Mensch dem Menschen war.

Ludwig Uhland

※

Ich vertrage mich leicht mit jedem,
der sich mit sich selbst verträgt.

Friedrich Heinrich Jacobi

※

Niemand hat alle Gaben, Ämter und Tugenden. So muss an einem jeglichen Christen etwas sein, was da mangelt. Darum hat es Gott so geordnet, dass einer dem anderen diene.

Martin Luther

※

Wir könnten viel, wenn wir zusammenstünden.

Friedrich von Schiller

Nichts bist du, nichts ohne die anderen.
Der verbissenste Misanthrop braucht die
Menschen doch, wenn auch nur,
um sie zu verachten.

Marie von Ebner-Eschenbach

※

Wenn es glatt ist,
gehen die Menschen Arm in Arm.

Jean Paul

※

Behandle dein Gegenüber immer so,
wie du von ihm erwartest,
dass er dich behandelt.

Voltaire

※

Liebhaben von Mensch zu Mensch,
das ist vielleicht das Schwerste,
was uns gegeben ist.

Rainer Maria Rilke

Wir sind zum Miteinander geschaffen,
wie Hände, wie Füße,
wie die untere und die obere Zahnreihe.

Thomas Jefferson

✼

Wir sind dazu da, einander das Leben zu versüßen
und zu erleichtern, und nicht,
zu verbittern und mühselig zu machen.

Jeremias Gotthelf

✼

Wahrhafte Worte sind nicht angenehm.
Angenehme Worte sind nicht wahrhaft.

Laotse

✼

Bereit sein ist viel, warten können
ist mehr, doch erst den rechten Augenblick zu nützen ist alles.

Arthur Schnitzler